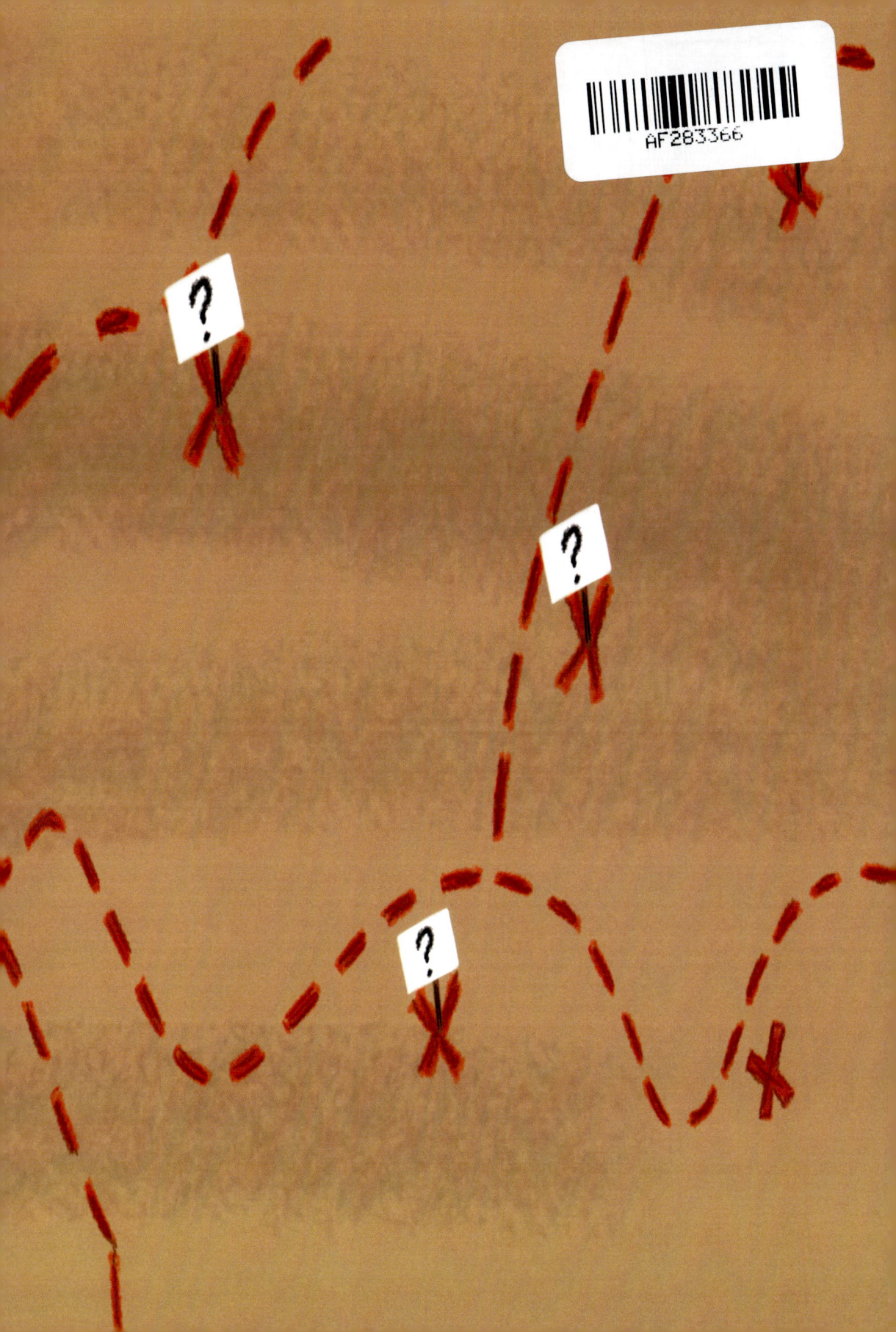

María Pilar Valdivia Ortiz

APULEYO EDICIONES   FOMENTO DE VALORES   CUENTOS ILUSTRADOS

El viaje de Aliz

APULEYO EDICIONES   FOMENTO DE VALORES   CUENTOS ILUSTRADOS

Aliz siempre quiso descubrir el mundo y conocer paisajes, culturas y gentes diferentes a él. Pero
nunca, hasta entonces, había tenido la ocasión de
hacerlo.

Acababa de cumplir trece años y su familia le había preparado una fiesta. Hace miles de años que los
judíos celebran este rito que conmemora la edad
en la que el varón alcanza la madurez personal y
pasa a ser responsable de sus propios actos.

Aliz decide emprender un viaje. Su único acompañante es un cuaderno que le regaló su madre el

día de su cumpleaños; en él recogerá todas aquellas historias que encuentre a su paso y que representan los valores de la humanidad.

Esto será de gran importancia para su pueblo, hará que sea aún más sabio, más rico, más colorido.

Extiende el mapa del mundo que su padre guarda enrollado entre el armario y la pared de su despacho y decide tirar un dado que indicará en qué punto del planeta comenzará su aventura.

África, empieza en África.

Aliz está contento, sueña con descubrir esa parte del mundo donde la piel de las personas le recuerda al ébano brillante e intenso.

Apenas unos días después, llega a este hermoso continente donde el sol brilla y estalla cada vez que amanece. Descubre paisajes hermosos y gentes con una lengua extraña que no entiende, pero que lo reciben con amabilidad y le ofrecen su casa y su alimento.

Las casas del poblado son preciosas, llenas de dibujos y decoraciones extraordinarias; nada que ver con lo que conocía hasta ahora. Le sorprende ver que no hay agua dentro, tienen que buscarla lejos del poblado. La comida es distinta a la de su hogar: sorgo, maíz, arroz y mijo. Le resulta extraño verlos andar descalzos y comer con las manos.

Los platos que degusta le hacen descubrir un universo de sabores y aromas desconocidos para él.

Se siente extraño en su blanca piel, el color de los habitantes de ese país es café. Imagina cómo debe sentirse uno de ellos si visitara su tierra; diferente al resto de las personas que la habitan. —Es curioso sentir esa sensación de no pertenecer a un mundo por ser diferente—. Pronto esa emoción pasa gracias a la amabilidad y la hospitalidad de sus gentes.

También se da cuenta de que respetan mucho a los mayores, valoran y veneran a la familia. Esto le agrada, le recuerda a lo que sus abuelos le intentaron inculcar desde niño. "Parece increíble que estando tan lejos y siendo tan distintos podamos ser a la vez tan parecidos", piensa.

Este pueblo trabaja el campo para alimentarse y a menudo bailan una danza hermosa de agradecimiento a la tierra para que dé sus frutos.

De este primer viaje recoge en su cuaderno costumbres y valores que no quiere olvidar por considerarlos preciados.

La noche antes de partir contempla la oscuridad, ese cielo inconmensurable, nítido, estrellado. Dibuja lo que ve, lo que siente; se siente pequeño, minúsculo, bajo la inmensidad. Pinta en su cuaderno

los colores de África; dibuja una casa; corta una hierba fresca que crece a su lado y la mete en su cuaderno con el fin de nunca olvidar. Escribe sus últimas sensaciones y emociones.

Hoy me despido de este país. He visto cómo la vida de estos niños es más difícil que la mía.

Andan distancias largas para acompañar a sus madres a buscar agua. Van a una escuela en la que solo hay mesas, sillas y una pizarra y, aun así, van

contentos y con la ilusión de llegar a ser valiosos en un futuro y poder ayudar a su pueblo. Son generosos. Tienen poco, pero ese poco lo ofrecen y comparten. Sus casas son hermosas y están decoradas con bellos dibujos. Dentro de ellas hay pocos objetos; solo lo esencial. Creo que no es necesario tener mucho para ser feliz. Siento que ellos lo son.

Su piel es negra, la mía es blanca. Sin embargo, he olvidado el color de su piel y el de la mía porque ellos me han hecho olvidarlo. Ojalá mi país y yo los hagamos sentir así cuando algún día vengan a visitarme.

Se queda dormido y son los ojos negros de un niño de tres años y su risa los que lo despiertan la mañana de su partida. El pueblo entero sale a despedirlo, le regalan un collar, una bolsa con alimentos, otra de piel de cabra con agua y su adiós más cálido.

Su viaje debe continuar y le queda mucho por descubrir.

Pasará distintos países africanos: Libia, Egipto... Dejará atrás el Mar Rojo, descubrirá el Mar Muerto, atravesará Israel, Siria y llegará a Turquía.

Turquía es un país hermoso, lleno de tradiciones del mundo.

Lo primero que sorprende a Aliz es el respeto a los animales, sobre todo, a los gatos. Observa el trato amoroso de los habitantes de este pueblo hacia ellos.

Paseando por Estambul, descubre personas amables y cordiales; se acercan y le preguntan de

dónde viene. Él no entiende nada hasta que un chico joven le habla en su lengua. Siente curiosidad por su país, por sus costumbres y, mientras pasean y charlan, su acompañante le cuenta que a esta ciudad la llaman la ciudad de los gatos.

—Este nombre se debe a que a Estambul llegaban cientos de barcos venidos de todas partes del mundo cargados de mercancías, que un ejército de gatos que viajaba con los marineros protegían de las ratas. Cuando los marineros bajaban a tierra, los gatos los seguían y muchos de ellos se quedaban para siempre.

Fueron los gatos los que libraron a Estambul de una plaga de ratas gigantes que vivió en las alcantarillas y es por esta razón por lo que es un animal protegido y mimado en nuestra tierra —le dijo el muchacho.

Le cuenta que hay una torre llamada Gálata y la leyenda del hombre que voló lanzándose desde lo alto de ella con unas alas que fabricó. Visitaron el palacio sumergido, recorrieron las calles con casas coloridas... El tiempo pasa tan rápido que llega la hora de la cena. Aliz se despide de su acompañante y este lo invita a su casa a compartir con su familia la comida que su madre ha preparado. El niño duda, pero accede y percibe la alegría en los ojos de su nuevo amigo.

Al llegar a casa de su anfitrión, observa que hay un montón de zapatos en la entrada y ve que su compañero se quita los suyos, invitándolo a hacer lo mismo. Le explica que es costumbre en su cul-

tura descalzarse al llegar a casa, en las mezquitas, en los barcos e incluso en los aviones por razones de higiene.

Aliz coge unas pantuflas que le ofrece su amigo y se las pone. También le cuentan que en Turquía conviven miles de personas con religiones diversas, pero que la convivencia es pacífica porque han aprendido a respetarse.

La cena era exquisita: kebab, humus, pizza turca y pasteles. El ambiente, lleno

de amor y respeto; la experiencia, inolvidable. Aliz se despide con afecto de la familia y agradece su hospitalidad y generosidad. La madre lo obsequia con una bolsita de henna para embellecer la piel de las mujeres de su familia.

De vuelta a su pequeña habitación, se para en un banco a disfrutar por última vez de esa ciudad hermosa, abre su cuaderno y escribe:

Es mi última noche en Estambul. He aprendido cómo el ser humano y el animal pueden ayudarse mutuamente; que hay religiones distintas a la mía, pero que todos rezamos a un mismo Dios, lo que cambia es el nombre; que los turcos se descalzan al entrar en las casas, en las mezquitas...;

que me gusta la comida turca; que podemos pensar diferente y ser amigos; que el ojo turco te protege; que esta tierra es enormemente bella y que algún día volveré.

A pesar de querer permanecer en esta bella tierra, sabe que debe continuar su viaje y su aprendizaje, así que recoge sus pertenencias y se dispone a descansar. Mañana será un día lleno de sorpresas y descubrimientos. Aunque está nervioso y al principio le cuesta conciliar el sueño, el cansancio se apodera de él y no tarda en quedarse dormido.

Próximo destino: China.

Mañana temprano volará hacia este enorme país con su Gran Muralla.

Sobrevolando Pekín, divisa una nube espesa que no deja ver los edificios ni las calles. "China es uno de los países con mayor contaminación del mundo", le explica una señora que hay a su izquierda. Esto causa en Aliz una sensación extraña, un gran desasosiego. Es la primera vez que, desde que partió, se siente así, pero está convencido de que al igual que en los otros lugares que ha visitado, cosas sorprendentes le esperan, y a pesar de esta sensación primera, su corazón late fuerte y galopa rápido, ansioso de desvelar esta cultura desconocida para él.

Descubre una ciudad llena de transeúntes. Es verano. Llueve. Hay tormenta. Las calles están llenas de gente que circula de manera apresurada. Chapotea en los charcos. Corre siguiendo a la gente, imita su comportamiento. El destino lo lleva hasta la señora que compartió con él el tiempo que duró su vuelo. Era una señora mayor, de pelo cano, mirada dulce y serena. Enseguida lo reconoció y le preguntó hacia dónde se dirigía. Aliz no sabía dónde ir. En aquel momento de su viaje, su destino era incierto. Pensó dejarse llevar por su intuición y esta le decía que se dejase guiar por ella; así que caminaron juntos y tomaron un taxi que los llevó hasta la que sería su casa durante los próximos días.

Era una casa pequeña, llena de telas de colores, de recuerdos. Cálida, luminosa, acogedora; era su casa, el hogar de la señora que le tendió la mano.

"Mañana iremos a visitar una escuela", le dijo. Él accedió complacido e impaciente por conocer cómo aprenden los niños en China.

A la mañana siguiente emprenden la marcha y se dirigen hacia la escuela de primaria. La sorpresa de Aliz empieza nada más cruzar el umbral de la puerta.

Hay un silencio ensordecedor, se diría que los niños están dormidos o simplemente no están, pero al pasar por las aulas, descubre montones de niños sentados con los ojos bien abiertos, escuchando las enseñanzas de sus maestros. Esa actitud de respeto y esa disciplina le sorprenden. Pregunta cuántas horas pasan los niños al día allí y la respuesta no le gusta. El nivel de exigencia es realmente elevado, los niños se convierten en máquinas de estudiar. Pasan muy poco tiempo jugando. "En China hay mucha disciplina y demasiadas obligaciones para los niños", le explica su guía.

Conocer esta realidad le entristece. Es la primera vez que durante su viaje hay algo que desea rechazar.

Esperanzado de que verá y aprenderá aspectos positivos de esta civilización, sale de nuevo al encuentro de nuevos regalos para sus ojos, sus oídos y su paladar.

Al día siguiente irán a visitar un parque natural. "En él podrás pasear por sus preciosos senderos y admirar sus lagos turquesas y sus cascadas", le dice la señora. "Así conocerás la belleza de la naturaleza en China. No olvides que de todo lo que encuentres a lo largo de tu vida habrá costumbres, creencias, hechos... que te parecerán hermosos y otros muchos que tendrás que desechar. Debes permanecer abierto a los cambios, pero nunca dejes de lado tus valores".

Por primera vez prueba el pato a la pekinesa, los fideos fritos y las barbas de dragón. Todo delicioso. Un placer para los sentidos. Esta parte de China, que se come, le encanta.

Un día nuevo amanece y, al mirar por la ventana, ve un cielo algo más azul que el de ayer.

Disfrutan de una jornada en plena naturaleza. Tropiezan con gente que vive en las zonas rurales extremadamente amables. Divisan a lo lejos la Gran Muralla. Se siente en paz. China es un país muy grande y, según él, con problemas por resolver que le preocupan. Pero a la vez es enriquecedor, magnífico, apolíneo.

Después del intenso día, vuelven a casa y decide descansar.

Sobre su cama coge su cuaderno y anota todas aquellas cosas que le han impresionado de China, las admirables y las desestimables, con el fin de nunca olvidar.

Dibuja una casa típica, un dragón, los palillos que no consigue dominar a la hora de comer, un oso panda, una flor de loto..., y se queda dormido.

Esa noche sueña que vuelve al colegio que visitó por la mañana con una bolsa llena de juguetes. Abre las puertas de las aulas y libera a todos esos niños. Saca de la bolsa cientos de regalos y, de pronto, el silencio se torna en jolgorio, risas, carreras, juegos y abrazos. Los niños vuelven a ser niños y Aliz se siente feliz.

La mañana de su partida, un pájaro picotea su ventana y lo deleita con un canto empalagoso. El niño despierta con una amplia sonrisa, recordando su sueño y comprende que debe partir.

Se despide de su amiga con un fuerte abrazo y cierta nostalgia. Ella lo mira con dulzura y le desea suerte, no sin antes recordarle lo que ya en su momento le dijo: "Debes permanecer abierto a los cambios, pero nunca dejes de lado tus valores".

A lo lejos escucha una música con toques de bambú y melancolía. Se acerca y disfruta de una bella danza lenta y lánguida que parece ser su despedida.

El cansancio se empieza a hacer presente y, aunque hay muchos lugares a los que le gustaría ir, el deseo de volver a su hogar y abrazar a los suyos comienza a ser una necesidad casi vital.

Así pues, decide poner fin a este viaje y regresar a casa.

Aliz recuerda todos los lugares visitados, a la gente que ha conocido. Piensa que cada uno de ellos tenía su olor, su color, su voz, sus andares únicos, su manera única de expresarse diferente a cualquier otro, y piensa que es en todos estos aspectos

que nos diferencian donde reside la belleza del ser humano.

Recrea en su mente los paisajes, las ciudades y a sus habitantes. Siente añoranza, sonríe. Ha tenido la suerte de poder conocerlos, no todo el mundo la tiene, y a veces desconocer significa temer. Él no teme, no olvida, ha crecido físicamente..., pero, sobre todo, ha crecido su tolerancia, su conocimiento del ser humano, su fe en él, su sabiduría... Y hoy, el día en el que el viaje llega a su fin, se siente pleno, contento, deseoso de ver a los suyos y poder compartir con ellos esos pequeños trocitos del mundo que guarda en su cuaderno.

©María Pilar Valdivia Ortiz (de la obra)
©Apuleyo Ediciones (de esta edición)
Primera edición en Apuleyo Ediciones: septiembre 2024
Diseño de cubierta: Ernesto Pérez Martínez
Corrección: Aitor Andreu Guerrero
Maquetación: Sofía Corzo González
Ilustraciones: Ana Santiago Clemente

Coordinación editorial: Isidoro Cidre González
info@apuleyoediciones.com
www.apuleyoediciones.com
ISBN: 978-84-1060-284-7
Depósito legal: H 299-2024

Hecho e impreso en España.

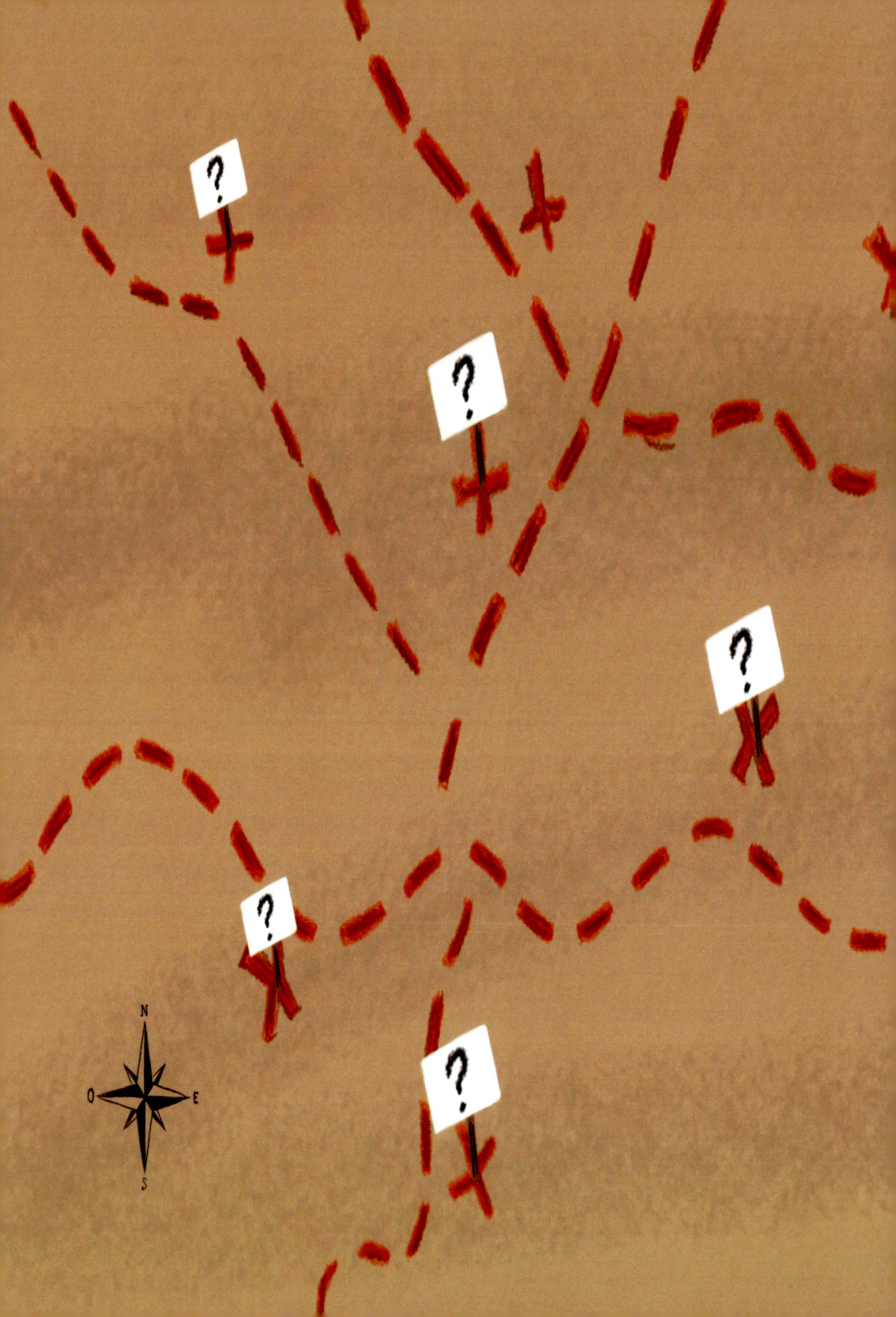